HEYNE

Die Originalausgabe erschien 2023 unter dem Titel *Power Up* bei Godsfield, einem Imprint der Octopus Publishing Group Ltd.

Die in diesem Buch vorgestellten Informationen und Empfehlungen sind nach bestem Wissen und Gewissen geprüft. Dennoch übernehmen der Autor und der Verlag keinerlei Haftung für Schäden irgendwelcher Art, die sich direkt oder indirekt aus dem Gebrauch der hier beschriebenen Anwendungen ergeben. Bitte nehmen Sie im Zweifelsfall bzw. bei ernsthaften Beschwerden immer professionelle Diagnose und Therapie durch ärztliche oder naturheilkundliche Hilfe in Anspruch.

Der Verlag behält sich die Verwertung der urheberrechtlich geschützten Inhalte dieses Werkes für Zwecke des Text- und Data-Minings nach § 44 b UrhG ausdrücklich vor.
Jegliche unbefugte Nutzung ist hiermit ausgeschlossen.

Penguin Random House Verlagsgruppe FSC® N001967

Deutsche Erstausgabe 05/2024
Copyright © 2023 by Octopus Publishing Group Ltd.
Copyright © der deutschsprachigen Ausgabe 2024
by Wilhelm Heyne Verlag, München,
in der Penguin Random House Verlagsgruppe GmbH,
Neumarkter Straße 28, 81673 München
Alle Rechte sind vorbehalten. Printed in Germany.
Redaktion: Diane Zilliges
Umschlaggestaltung: Guter Punkt GmbH & Co. KG, München
Satz: Satzwerk Huber, Germering
Druck und Bindung: PBtisk, a.s., PŘÍBRAM
Printed in the Czech Republic
ISBN 978-3-453-70483-1

www.heyne.de

ALISON DAVIES

POWER UP

5 MINUTEN AM TAG FÜR MEHR ENERGIE, LEICHTIGKEIT UND FLOW

Aus dem britischen Englisch übersetzt
von Karin Weingart

WILHELM HEYNE VERLAG
MÜNCHEN

INHALT

6
Einführung

8
Auraarbeit

22
Affirmationen und Mantras

32
Atemarbeit

44

Energiebooster

58

Schreiben und Visualisieren

70

Meditation und Achtsamkeit

82

Die Energieuhr

Einführung

Was würdest du auf die Frage antworten, wie es dir momentan geht? Steckst du voller Energie und bist bereit, es mit dem Tag aufzunehmen? Würdest du dich als echte Energiequelle in deinem Umfeld betrachten oder bist du eher Beobachterin und versuchst nur, nicht allzu sehr durchzuhängen? Tage, an denen wir uns so ausgelaugt fühlen, dass wir glauben, nichts richtig geregelt zu kriegen, kennen wir alle. Aber auch solche, an denen alles läuft wie am Schnürchen, wir gute Laune haben und unglaublich vital sind. Das alles hängt nur von der An- oder Abwesenheit positiver Energie ab.

Positive Energie ist Einstellungssache, ein beflügelndes Mindset: dieser »Ja!«-Moment, in dem du dich jeder Herausforderung gewachsen fühlst und dir alles zutraust. Diese innere Haltung beeinflusst dich auch körperlich und emotional. Das Denken spielt in Sachen Positivität zwar eine wichtige Rolle, aber auch andere Dinge tragen dazu bei, dass du mehr Schwung, Elan und Feel-good-Vibes hast.

In diesem Buch zeige ich dir einfache Tricks und Techniken, die dir zu größerer Dynamik verhelfen und dazu, dich stärker und kraftvoller zu fühlen. Du erfährst etwas über deine Aura – die Lebenskraft, die dein Körper ausstrahlt – und darüber, wie du sie stabilisierst und schützt. Ich informiere dich über die Kraft von Affirmationen und zeige dir, wie du dich mithilfe der Meditation fokussieren und dein positives Mindset untermauern kannst. Du wirst Atemtechniken kennenlernen, die dir Energie, Kraft und Stärke geben. Außerdem führe ich dich in die Magie des Schreibens ein, das dir ganz neue Horizonte eröffnen kann.

Perfekt in deine täglichen Abläufe passende Techniken und ein beispielhafter Übungsplan in Form einer Energieuhr, nach der du die jeweiligen Praktiken optimal über den Tag verteilen kannst, werden dir helfen, dich jederzeit selbst aus einem mentalen Tief herauszuholen. Auch mache ich dich mit einer Reihe von Verstärkern für den sofortigen Energiekick bekannt. Und ich schlage dir noch weitere »Energiebooster« vor, wenn es um Heilsteine, Kräuter und Düfte geht, die dich superschnell auf »Neustart« programmieren.

Egal, ob du nach Inspirationen suchst, deinen Tag anders beginnen oder dich einfach besser und energiegeladener fühlen möchtest: Dieses Büchlein wird dir weiterhelfen. Denn jetzt ist es an der Zeit, in die eigene Power zu kommen. Zeit, dich auf dich zu besinnen und dein Leben mit einem Mehr an positiver Energie zu versorgen.

AURAARBEIT

1

Was ist eine Aura?

Der Begriff »Aura« bezeichnet das energetische Kraftfeld, von dessen Farben und Licht der Körper umgeben ist. Du kannst es dir wie eine schimmernde Schutzschicht vorstellen, die dich von Kopf bis Fuß in Tausenden von Farbtönen umschließt. Menschen, die sich gut energetisiert fühlen, haben in der Regel eine starke Aura aus hellem Licht, die sich weithin erstreckt. In den verschiedenen Aurafarben spiegelt sich wider, wie es dem Individuum im jeweilgen Moment geht. Wer etwa gerade viel Rot in der Aura hat, ist in der Regel sauer oder leidenschaftlich engagiert. Viel Violett in der Kopfregion weist dagegen eher auf einen intuitiven Moment hin.

Wer Erfahrung mit Energiearbeit hat, kann die Aura von Menschen meist lesen und die Bedeutung der verschiedenen Farben entschlüsseln. Und auch du nimmst deine Aura zwar wahrscheinlich nicht optisch wahr, du spürst sie aber und weißt, wann es dir an Energie fehlt. Deine Aura ist ein Spiegel deiner inneren und äußeren Verfassung. Deshalb kannst du diese auch positiv beeinflussen, indem du auf deine Aura einwirkst.

Es gibt viele Techniken, mit denen du eine größere, strahlendere Aura bekommen kannst. Die wirksamsten beruhen auf einer Kombination von Visualisierung und fokussiertem Atmen.

Licht und Strahlkraft an!

Optimal: gleich nach dem Aufwachen. So gibt dir die Übung Energie und stimmt dich positiv auf den bevorstehenden Tag ein. Du kannst sie aber auch jederzeit zwischendurch machen, um dich sofort in eine bessere Stimmung zu versetzen.

Du brauchst: nur einen Raum und etwas Zeit, um dich auf deine Atmung und die Visualisierung konzentrieren zu können.

Und so geht's:

1. Stell dich gerade hin, Schultern entspannt, Füße hüftbreit auseinander.

2. Atme tief ein, zieh gedanklich die Luft über die Fußsohlen aus dem Boden in die Beine, den Bauch und die Brust.

3. Zähle beim Ausatmen langsam bis vier.

4. Wiederhole diesen Zyklus drei- bis viermal oder so lange, bis du dich ruhig und zentriert fühlst.

5. Stell dir jetzt in der Mitte deiner Brust ein kleines Messgerät (ähnlich einem Thermometer) vor, das die Helligkeit und Stärke deiner Aura misst.

6. Stell dir beim Einatmen vor, wie das Steigen der Ablesemarke des Messgeräts die Zunahme deiner Kraft und Energie anzeigt.

7. Beim Ausatmen malst du dir aus, dass deine Aura größer und heller wird. Schau, wie sie sich ausbreitet, und spür die Schwingungen ihres Strahlens.

8. Schau, dass die Ablesemarke weiter steigt, und konzentrier dich beim Ausatmen ganz auf deine sich vergrößernde Aura.

9. Leg dir zum Schluss beide Hände auf die Brust. Spür die Wärme unter deinen Fingern und sag (laut oder stumm): »Meine Aura strahlt hell und kraftvoll.«

Energieverstärker

Je nachdem, wie du dich fühlst und was du mit deinem Tag anstellen möchtest, kannst du deine Aura mit verschiedenen Farben verstärken, von denen jede ihre ganz eigene Bedeutung und bestimmte Eigenschaften hat.

An der Liste auf der nächsten Seite kannst du dich orientieren, um die jeweils passende Farbe zu finden. Du musst nur die Übung von gerade eben wiederholen und deine Aura im Farbton deiner Wahl visualisieren.

Die Aurafarben im Überblick

Weiß	Reinheit, Energie, Vitalität
Gold	Kraft, Selbstvertrauen, Energie
Silber	Klarheit, Freiheit, Fokus
Violett	Intuition, übersinnliche Kräfte, Individualität
Rosa	Liebe, Güte, Empathie
Rot	Leidenschaft, Beharrlichkeit, Durchsetzungsvermögen
Blau	Heilung, Feingefühl, Stärke
Grün	Wachstum, Kreativität, Gleichgewicht
Gelb	Begeisterungsfähigkeit, Erfolg, Glück
Orange	Freude, Ausstrahlung, Spontaneität
Türkis	Weisheit, Ruhe, Schutz

Die Reinigung der Aura

Wie im Körper sammelt sich auch in deiner Aura Abfall an – hier als Negativität, die nicht nur dein Strahlen abschwächt, sondern auch Blockaden verursachen kann. In dem Fall kann die Energie nicht frei fließen, was dir das Gefühl gibt, träge und kaputt zu sein. Deshalb ist es wichtig, deine Aura genauso regelmäßig zu reinigen, wie du dich körperlich wäschst. Das befreit auch eventuelle Druckpunkte, in denen sich Energien stauen, und lässt dich der Zukunft positiv entgegenblicken.

Aura-Frühlingsputz

Optimal: wenn du dich entspannt aufs Wochenende einstellst. Die Übung hilft dir, negative Energie abzubauen, die sich während der Woche eventuell angesammelt hat, sodass du deine freie Zeit genießen und dich rundum regeneriert fühlen kannst. Du kannst diese Praxis auch zu jedem anderen Zeitpunkt durchführen, wenn du das Bedürfnis nach mehr Energie hast.

Du brauchst: eine Feder, etwas ätherisches Salbeiöl und ein Schüsselchen mit heißem Wasser.

Und so geht's:

1. Füll die Schüssel halb mit kochendem Wasser und gibt fünf Tropfen Salbeiöl hinzu. Du kannst aber auch das frische Kraut nehmen und es fünf Minuten lang im Wasser ziehen lassen.

2. Beug dich über die Schüssel, atme tief ein und lass die Frische des Salbeidufts auf dich wirken.

3. Stell die Schüssel auf einem Tisch ab und fächere dir mit der Feder den duftenden Wasserdampf über den Kopf.

4. Wedele deinen Körper mit der Feder ab, als würdest du Staub wischen.

5. Fang oben am Kopf an und arbeite dich nach und nach an beiden Seiten deiner Silhouette bis zu den Füßen herab.

6. Heb deine Beine einzeln an und berühre die Luft unter deinen Füßen mit der Feder. Vergiss auch die Partie vor deinem Oberkörper nicht, in der sich negative Energie sammeln und dich runterziehen kann.

7. Stell dir während der ganzen Zeit vor, wie deine Aura sauberer und heller wird.

8. Zum Schluss sagst du: »Ich reinige meine Aura von jeglicher Negativität und bringe Stagnierendes wieder in Fluss.«

Energieverstärker

Damit deine Energie so richtig in Schwung kommt, bürstest du dir zum Schluss der Aura-Reinigung noch ordentlich den Körper ab. Bei den Fußgelenken beginnend arbeitest du dich langsam nach oben, stets auf das Herz zu. Dabei stellst du dir deine Aura weiterhin schön sauber und hell vor. Du bürstest alle Blockaden weg und spürst die belebende Energie durch deinen ganzen Körper fließen. Während deine Haut anfängt zu prickeln und sich rötet, bemerkst du bestimmt, dass sich deine Laune hebt und du dich von Kopf bis Fuß vitalisiert fühlst.

Schütze deine Aura

Fühlst du dich kaputt und energielos, ist das ein deutliches Zeichen dafür, dass deine Aura schwächelt. Dazu kann es infolge von Krankheit, Stress und Überarbeitung kommen oder auch im Zusammenhang mit äußeren Faktoren wie etwa dem Umgang mit Leuten, die dich auslaugen, oder wenn du dir die Emotionen und Probleme von anderen zu eigen machst.

Stressbedingte Energieschwankungen sind ganz natürlich, doch du kannst deine Aura vor externen Einflüssen schützen. Das stärkt deine Energiereserven und unterstützt dich im Konflikt mit äußeren Umständen.

Erschaff dir einen Aura-Schutzschild

Optimal: frühmorgens, damit deine Aura den Tag über gut geschützt ist. Du kannst die Übung aber auch immer dann durchführen, wenn du dich schwach oder verletzlich fühlst. Sie hält negative Emotionen und Energien in Schach.

Du brauchst: anfänglich einige ruhige Minuten, in denen du nicht gestört wirst. Mit zunehmender Übung kannst du deinen Schutzschild immer schneller erzeugen, schließlich beinahe im Handumdrehen.

Und so geht's:

1. Atme zunächst einmal tief durch, um zu dir zu kommen.

2. Lass die Atemluft gedanklich aus den Füßen über die Beine in den Bauch aufsteigen.

3. Spüre, wie der Atem deine Brust ausfüllt und in die Halsgegend fließt, und atme dann langsam durch den Mund aus.

4. Indem du so weiteratmest, erzeugst du eine unablässige Atemschlaufe: ein … und aus … und ein …

5. Mal dir beim Einatmen aus, dass vor deinem Körper, über dem Scheitel und an deinen beiden Seiten ein Lichtschild entsteht. Stell ihn dir als goldenen Kokon vor, der dich vollkommen bedeckt.

6. Mit jedem Atemzug werden der Schild stabiler und das goldene Licht strahlender.

7. Stell dir vor, dass der Schild aus teflonartigem Material besteht, das negative Energie einfach abstößt.

8. In diesem Kokon bist du vor allen äußeren Einflüssen geschützt, die dir Energie abziehen könnten. So kannst du deinen Tag gestalten, ohne die negativen Energien anderer aufzunehmen.

9. Reaktiviere deinen schützenden Kokon, wann immer du das Gefühl hast, Energie zu verlieren. Stell dir dafür einfach wieder das goldene Licht vor, das dich umfängt, und mal dir aus, wie es sich um dich herum ausbreitet.

Du kannst deine Aura mithilfe einfacher Tricks und Techniken dauerhaft sauber und hell halten. Ein guter Ausgangspunkt dafür ist die achtsame Beobachtung deines Denkens. Alles Negative trübt das Strahlen deiner Aura ein. Wann immer dein innerer Kritiker auf den Plan tritt, solltest du ihm also Einhalt gebieten und die miesen Gedanken durch etwas Positives, Aufbauendes ersetzen.

Nimm auch deine Interaktion mit anderen bewusst wahr. Setz Grenzen, sobald du merkst, dass dich jemand auslaugt oder seinen emotionalen Ballast auf dich abwälzen will. Triff dich mit solchen Leuten nur, wenn du dich dazu bereit fühlst, und errichte auf jeden Fall vorher deinen »Auraschild«.

AFFIRMATIONEN UND MANTRAS

2

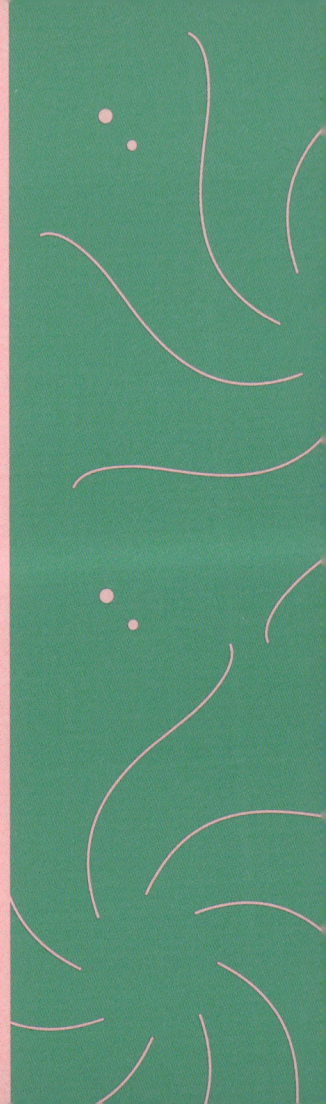

Was sind Affirmationen?

Affirmationen sind positive Aussagen. Sätze, die in der Gegenwartsform beschreiben, wie du dich fühlst. Gedacht sind sie dafür, Negatives auszublenden und das Denken neu zu programmieren. In Kombination mit anderen Tools wie Meditation und Visualisierung sind sie unglaublich wirkmächtig und sogar in der Lage, das Gehirn neu zu verdrahten. Affirmationen kannst du jederzeit einsetzen. Je nachdem, wo du dich gerade aufhältst, sagst du sie laut oder nur stumm für dich, um dich zu fokussieren und deinem Denken eine andere Richtung zu geben.

Entscheidend ist, dass du Affirmationen in der Gegenwartsform formulierst und nicht im Futur. Denn sagst du zum Beispiel »Ich werde mich energiegeladen fühlen«, verschiebst du das auf den Sankt-Nimmerleins-Tag. Im Grunde drückst du damit aus: »Ja, es wird so kommen, aber erst später, jetzt noch nicht.«

Sagst du dagegen »Ich bin energiegeladen«, dann bist du es jetzt schon. In diesem Moment. Zwischen Wunsch und Realität besteht keinerlei Kluft mehr.

Auch wenn du dich im Moment noch nicht so fühlst: Mit einer Affirmation trickst du dein Hirn so aus, dass es die Aussage für wahr hält. Weil du dich auf positive, emotionale Wörter konzentrierst. Je öfter du sie aussprichst, desto mehr glaubst du an sie. Bis du ihren Gehalt schließlich auch spürst. So gewöhnst du dich an eine neue, positive Denkweise. Und weist deinen inneren Kritiker zurück – jene nölende Stimme des Selbstzweifels, die dich so gern niedermacht.

Wenn du versuchst, in eine heiterere Grundgestimmtheit zu gelangen, können dich Affirmationen unterstützen und dir helfen, für den Fluss positiver Energie offen zu bleiben.

Energetisierende Affirmationen

- »Ich bin mir meiner Kraft bewusst und lebe sie.«
- »Ich bin erfüllt von Licht und Liebe.«
- »Alles, was ich tu, tu ich mit Schwung und Elan.«
- »Heute lebe ich mein bestes Ich.«
- »Jeder Augenblick ist eine Chance, Freude zu empfinden.«
- »Jede meiner Poren strahlt Power aus.«
- »Heute bin ich so lebendig wie nur irgend möglich.«
- »Ich lebe im Augenblick und der Augenblick lebt in mir.«
- »Ich strahle, bin widerstandsfähig und zu allem bereit!«
- »Ich atme Energie ein und Stress aus.«

Erschaffe stärkende Affirmationen

Optimal: abends, wenn du Zeit hast, zu entspannen und über den hinter dir liegenden Tag nachzudenken.

Du brauchst: Stift und Papier.

Und so geht's:

1. Zentrier dich: Stell dich mit entspannten Schultern und langem Rücken hin, die Füße stehen hüftbreit auseinander.

2. Zieh beim Einatmen den Bauch ein. Stell dir vor, du würdest durch die Füße Luft holen, sie kontinuierlich durch Körper und Kopf weiterleiten und wieder nach außen geben. Wiederhole diesen Prozess einige Minuten lang.

3. Mach es dir dann mit deinem Schreibzeug bequem und denk über den hinter dir liegenden Tag nach.

4. Was lief gut, was weniger? Solltest du herausragende Momente erlebt haben, in denen du dich großartig gefühlt hast, wiederhole sie jetzt geistig. Fasse die Gefühle, die du in dem Augenblick hattest, in ein, zwei Wörtern zusammen: »freudvoll« etwa oder »geliebt«.

5. Und wenn etwas nicht nach Plan lief: Was hätte geholfen? Überleg dir einen Umstand, der die Situation verändert hätte, etwa mehr Mut, Ehrlichkeit, Kommunikation.

6. Schau dir die Wörter an, die du aufgeschrieben hast, und entscheide dich für die, die angenehm in dir nachklingen. Das ist nicht ohne Grund der Fall. Wahrscheinlich handelt es sich um die Eigenschaften, die du am meisten brauchen könntest.

7. Überleg, wie du sie zu Affirmationen gestalten kannst, etwa: »Ich werde geliebt und freue mich täglich.« Oder: »Mit jedem Atemzug werde ich mutiger.«

8. Experimentiere mit den Wörtern und ihrer Zusammenstellung – solange du sie in der Gegenwartsform formulierst, kannst du alles damit anstellen, was du willst.

9. Irgendwann hast du den einen Satz, der sich für dich genau richtig anfühlt. Mach ihn zu deiner persönlichen Power-Affirmation!

Energieverstärker

Affirmationen entwickeln und verändern sich. Und eine, die momentan perfekt zu dir und deiner Lebenssituation passt, sagt dir in ein paar Wochen womöglich nicht mehr zu, sodass du dir eine andere suchst.

Halt deine Affirmationen in einer Art Journal fest und aktualisiere sie jede Woche, damit sie wirklich deinen Bedürfnissen entsprechen. Schreib auch auf, wie effektiv sie jeweils waren.

Haben sie dir ein Gefühl von Stärke gegeben? Und wenn nein: warum nicht? Vielleicht hast du sie dir selbst nicht richtig abgenommen oder vergessen, sie regelmäßig zu wiederholen?

Was sind Mantras?

Als Mantras eignen sich Wörter oder Klänge, die dich geistig fokussieren, deine Meditation vertiefen und das psychische oder physische Wohlbefinden verbessern. Werden sie häufig verwendet, können sie mit der Zeit dein Wahrnehmungsvermögen verändern und dich mit Energie versorgen – je nachdem, worauf du dich konzentrierst. Eine Silbe wie das »Om« etwa, das tief in der menschlichen Seele widerhallt, bringt dich ins Gleichgewicht und schenkt dir inneren Frieden. Gut geeignet sind aber auch Wörter wie zum Beispiel »Liebe«.

Wenn du das Wort stumm für dich oder auch laut aussprichst, kommt es entscheidend darauf an, dass du dich auf die Bedeutung fokussierst, die es für dich hat. Arbeitest du mit Klängen, verbindest du dich mit den Schwingungen, die sie in dir erzeugen. Wie eine Stimmgabel gibt der Ton deinem Geist etwas, woran er sich festhalten kann. Was wiederum dir hilft, dich zu entspannen und zu zentrieren.

Power-Mantra

Optimal: wann immer du tagsüber fünf Minuten ganz für dich hast. Manche reservieren dafür extra einen bestimmten Termin, damit sie sich besser an die Mantra-Arbeit gewöhnen. Gut eignet sich aber allemal die Zeit kurz nach dem Aufstehen und abends vor dem Zubettgehen.

Du brauchst: ein bequemes Plätzchen, an dem du nicht gestört wirst. Um besser zur Ruhe zu kommen, kannst du Kerzen anzünden oder in einer Duftlampe etwas ätherisches Öl erwärmen, etwa Geranienöl, das Körper und Geist ins Gleichgewicht bringt.

Und so geht's:

1. Setz dich bequem hin. Richte die Wirbelsäule auf und entspann die Schultern, damit die Bewegungsfreiheit deines Zwerchfells nicht eingeschränkt ist und du gut durchatmen kannst.

2. Leg die Hände mit den Handflächen nach oben in deinen Schoß oder auf die Knie.

3. Schließ die Augen und fokussiere dich auf das Wort »Power«. Stell es dir als Energiequelle vor, die dich mit Positivität erfüllt

und dich ganz du selbst sein lässt. Sobald du voller Power bist, fühlst du dich stark, vitalisiert und zu allem bereit.

4. Atme tief ein und sprich das Wort beim Ausatmen langsam und deutlich artikuliert aus.

5. Lass das Wort in deiner Brust nachhallen. Es zergeht dir auf der Zunge.

6. Wiederhole diesen Ablauf und lass das Wort bei jedem Ausatmen in deiner Seele singen. Vielleicht sagst du es mit jedem Mal lauter und lebendiger?

7. Erfreu dich am Klang des Wortes und mach dir klar, wie gut er zu seiner Bedeutung passt.

8. Mach das fünf Minuten lang so, dann öffnest du die Augen wieder, stehst langsam auf und schüttelst dich, um die Energie neu in Bewegung zu setzen.

Energieverstärker

Bei der Arbeit mit Mantras sind sowohl der Geist als auch deine Sinne beteiligt. Denn du »hörst« das Wort ja nicht nur, sondern »schmeckst« es zudem quasi auf der Zunge. Geh jetzt noch einen Schritt weiter und setz auch deinen Sehsinn ein, indem du dir ein Bild einfallen lässt, das in deinem Kopf für »Power« steht. Wenn es dir hilft, kannst du auch gern etwas malen oder zeichnen. Oder du setzt aus Zeitschriftenausrissen eine Collage zusammen. Neben Wort und Atemübung verstärkt der visuelle Eindruck die Kraft des Mantras und seiner Bedeutung für dich um eine weitere Komponente. Außerdem eignet sich etwas derart »Sichtbares« gut als Erinnerungsstütze.

ATEMARBEIT

3

Energie und Atmung

Dass ein paar tiefe Atemzüge beruhigen, liegt auf der Hand. Sie senken die Herzfrequenz und regulieren den Ausstoß des Stresshormons, was entspannt und zentriert. Der aufgenommene Sauerstoff macht den Kopf frei, und dies hat die Ausschüttung der für ihre Wohlfühlwirkung bekannten Endorphine zur Folge.

Tiefes Atmen ist auch noch auf andere Weise hilfreich: Es erhöht den Sauerstoffgehalt des Blutes, was sofortigen Auftrieb gibt und die Durchblutung fördert – ein schneller Energieschub. Außerdem hat es eine emotional ausgleichende Wirkung und stimuliert den Lymphfluss, der zur körperlichen wie geistigen Entgiftung beiträgt.

Wissenschaftlich belegt ist ein unmittelbarer Zusammenhang von Atmung und vegetativem Nervensystem. Fängst du also an, deine Atmung zu verbessern, fühlst du dich sofort stärker und energiegeladener. Auch bist du gleich viel präsenter, weil du die Lebenskraft bewusst wahrnimmst, die in deinen Körper einfließt. Damit bist du gleich bedeutend mehr »im Moment« und das macht dich viel lebendiger und aktiver.

Was ist Atemarbeit?

Dabei geht es hauptsächlich um die Art des Atmens und ihre Optimierung mithilfe bewährter Techniken. Atemarbeit verbindet die Kraft des Geistes mit der des Körpers und ist besonders hilfreich bei der Steuerung von Emotionen oder wenn es darum geht, sich eine positive Grundeinstellung zu erhalten.

Dreh- und Angelpunkt stellt dabei die Beobachtung des Atems dar, was uns in der westlichen Welt denkbar fremd ist. Denn wir rasen eher durch unseren Alltag, versuchen schnellstmöglich so viel wie möglich zu erledigen – und der Atem ist dabei schnell, flach und abgehackt. Wenn wir ihn nicht gar gänzlich anhalten. Dem Körper signalisieren wir damit, dass er sich in Gefahr befindet. Worauf er die »Kampf oder Flucht«-Reaktion einleitet und für noch größere Anspannung sorgt.

Sobald du dir deiner Atmung und deren Wirkung auf den Körper bewusst wirst, kannst du sie nutzen, um positive Energie zu erschaffen und in deine Kraft zu kommen. Du achtest dann tagsüber gezielt auf das Ein und Aus der Luft in deinem Körper und bist so in der Lage, aus jedem deiner Atemzüge das energetische Optimum herauszuholen.

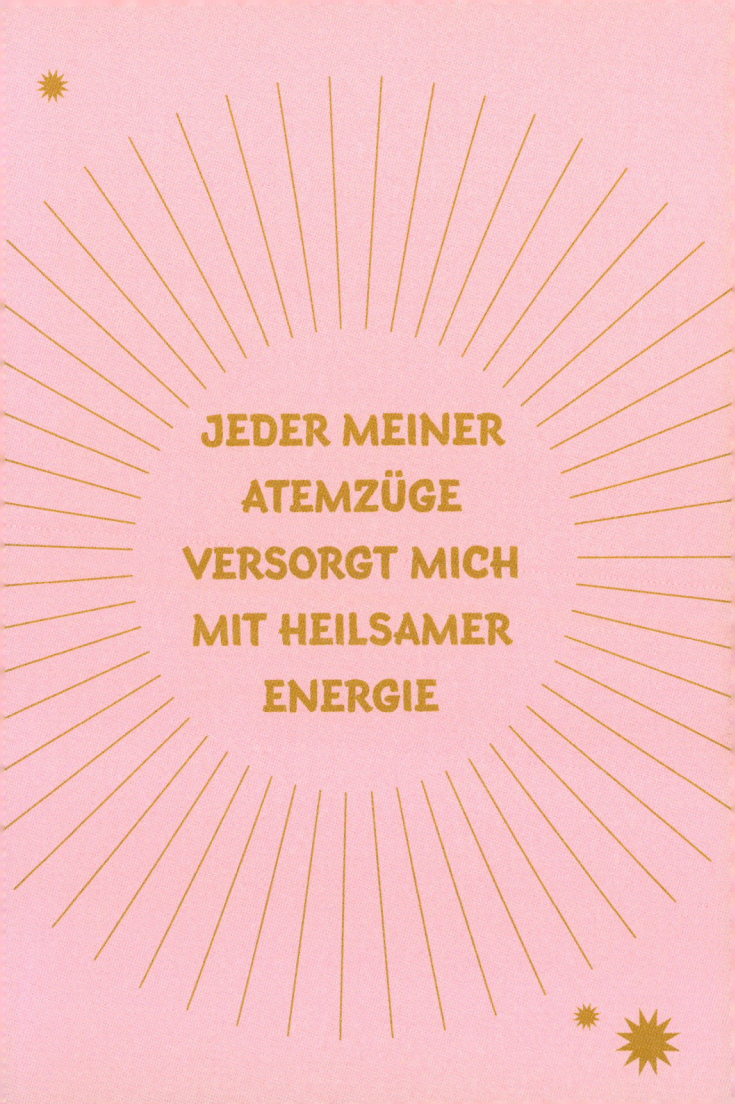

Der beruhigende Atem

Optimal: wann immer du eine Auszeit brauchst, um gedanklich zur Ruhe zu kommen. Aber auch gut geeignet als abendliche Einschlafübung.

Du brauchst: ein paar Minuten ganz für dich. Willst du deinen Atem am Abend beruhigen, hast du vielleicht Lust, dazu Musik anzustellen, oder du tupfst ein wenig Lavendelöl auf deine Schläfen.

Und so geht's:
1. Entspann dich und atme durch die Nase ein. Den Mund lässt du dabei geschlossen, denn hier geht es darum, die Luft durch die Nasenhärchen zu filtern.

2. Atme gleichmäßig und lang ein, dann hältst du die Luft an und zählst langsam bis vier.

3. Schließlich atmest du sanft und gemächlich durch den Mund aus und zählst dabei langsam ein weiteres Mal bis vier.

4. Wiederhol diesen Vorgang noch einmal. Atme tief durch die Nase ein und halte die Luft diesmal so lange an, bis du bedächtig bis fünf gezählt hast.

5. Atme dann ruhig durch den Mund aus und zähle dabei langsam bis fünf.

6. Wiederhole den Vorgang jetzt ein weiteres Mal und sieh dabei zu, dass du in der Atempause locker bis sechs zählen kannst. Ebenso beim Ausatmen.

7. Entscheidend ist, dass du dir genügend Zeit nimmst. Das langsame Atmen sollte nämlich vor allem beruhigen und zudem deinem Kopf etwas geben, worauf er sich leicht konzentrieren kann.

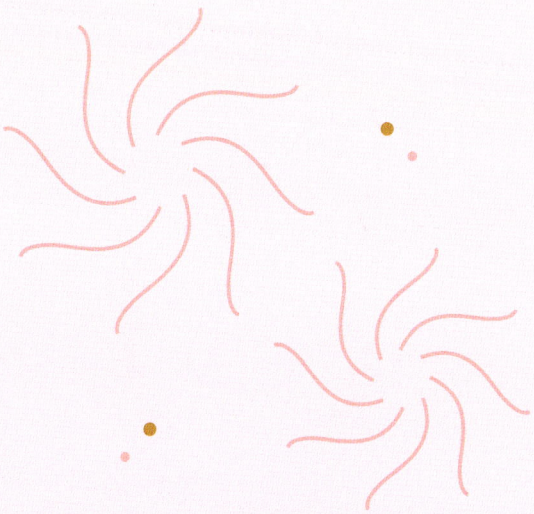

Energieverstärker

Während du die folgende energetisierende Übung machst, bei der du schnell atmest, kannst du dir bildlich vorstellen, in deiner Brust wäre eine Fahrradpumpe, die deine Lunge versorgt. Nimm jeden einzelnen Luftstoß bewusst wahr. Die durch das Pumpen erzeugte Energie verstärkt die Atemzüge und steigert deine Vitalität. Achte aber unbedingt darauf, dass du zwischendurch auch wirklich normal atmest, sonst wird dir schnell schwindlig.

Der energetisierende Atem

Optimal: wann immer du einen Energieschub brauchst. Besonders eignet sich die Übung vor dem Sport, weil sie dir Kraft und Schwung gibt, dein Fitnessziel zu erreichen.

Du brauchst: zum Trinken nach der Übung eine Flasche mit kaltem Wasser.

Und so geht's:
1. Setz oder stell dich bequem hin. Atme mit geschlossenem Mund einmal schnell und scharf ein.

2. Stoß die Luft mit gespitzten Lippen so kraftvoll aus, dass ein zischender Ton entsteht.

3. Wiederhole diesen Vorgang in schneller Abfolge fünfmal. Dann entspann dich und atme fünfmal normal ein und aus.

4. Wiederhole den Ablauf ein weiteres Mal. Dabei sollten die Atemzüge höchstens eine Länge von zwei Sekunden haben.

5. Entspann dich und atme fünfmal normal ein und aus.

6. Wiederhole die Übung noch weitere sechs Mal.

7. Schüttele zum Abschluss deinen Körper ordentlich durch, damit du richtig in Schwung kommst, und nimm ein paar Schlucke Wasser.

Der kraftvolle Atem

Optimal: vor einem besonderen Ereignis oder sobald du dich schwach fühlst und neue Energie benötigst.

Du brauchst: einen Raum, in dem du dich ungestört ein paar Minuten lang frei bewegen kannst.

Und so geht's:

1. Stell dich gerade hin, die Füße sind hüftbreit auseinander.

2. Zieh die Schultern nach hinten und heb das Kinn leicht an.

3. Die Arme hängen locker an den Seiten. Leg die Fingerspitzen jeder Hand aneinander, die Handflächen zeigen nach oben.

4. Hol langsam tief Luft und heb dabei die Hände auf Brusthöhe an. Stell dir bei der Bewegung vor, dass du den Atem mit den Händen aufwärts bewegst.

5. Halt den Atem kurz an, dreh dann die Hände um. Die Fingerspitzen sind dabei noch zusammen. Mit dem Ausatmen öffnest du die Hände und streckst die Finger vor dir aus.

6. Das sieht so aus und fühlt sich so an, als würdest du die Luft von dir wegschieben.

7. Verlängere das Ausatmen noch ein wenig. Dann wiederholst du den Vorgang, ziehst die Atemluft hoch und schiebst sie von dir weg.

MEIN ATEM GIBT MIR KRAFT & STÄRKE

8. Stell dir den Atem als deine persönliche Kraftquelle vor. Du nimmst die Luft in dich auf und stößt sie dann so aus, dass jeder es sehen und spüren kann.

9. Führe die Übung noch einige Minuten lang durch, bis du dich selbstbewusster und gestärkt fühlst.

Weitere Atemtechniken

Atme tief in den Bauch, um dich optimal mit Energie zu versorgen. Beim Einatmen sollte sich deine Körpermitte vorwölben … und sich beim Ausatmen in Richtung Wirbelsäule bewegen.

Atme achtsam. Gewöhn dir an, tagsüber öfter auf deine Atmung zu achten. Stell fest, ob dein Brustkorb verspannt ist und wie lang und tief du atmest. Halt mindestens dreimal täglich inne, um einige Male tief durch die Nase ein- und auszuatmen.

Atme alles ein, was du brauchst. Überleg, was du brauchst, und stell dir vor, dass du es einatmest. Willst du dich also stark fühlen, kannst du mit jedem Luftholen das Wort »Stärke« einatmen.

Atme durch die Nase. Denn die Nase filtert und befeuchtet die Atemluft. Die Nasenatmung ist besonders gesund und gibt genau die richtige Menge Sauerstoff ab, die dich mit hinreichend Energie versorgt.

ENERGIEBOOSTER

4

Was sind Energiebooster?

Das sind Dinge, die du einzeln oder im Verbund mit anderen Techniken einsetzen kannst, um dich zu stärken und positive Energie zu erzeugen. Sie optimieren den Energiefluss und können jede der anderen Übungen zusätzlich bereichern. Manche dieser Booster, Düfte und Aromen etwa, sprechen die Sinne an, während andere eher unsere Verbindung zur Natur fördern.

Die Energiebooster in diesem Kapitel stimulieren Körper und Geist, stärken und stützen die Vitalität. Betrachte sie als wichtige Inhalte deiner energetischen Werkzeugkiste. Kristalle, ätherische Öle und Kräuter: Dir steht ein breites Spektrum von Instrumenten zur Verfügung, aus dem du dich bedienen kannst – je nachdem, wie du dich gerade fühlst und was du im jeweilgen Moment benötigst.

Von diesen Boostern kannst du jederzeit profitieren, und der Umgang mit ihnen ist kinderleicht. Kombiniert mit Tricks, Techniken und Ritualen verstärken sie deine persönliche Power und bringen dich energetisch in Topform.

Kristalle

Kristalle unterstützen Heilungs- und Wellnessprozesse und wirken stimmungsaufhellend. Jeder hat eine ganz eigene Energie, mit der du arbeiten kannst. Wichtig ist nur, dass du einen Stein findest, der dich besonders anzieht, und ausprobierst, wie du dich am besten mit ihm verbindest.

Citrin

Auch als »Kuschelquarz« bekannt, steckt dieser golden strahlende Stein randvoll mit positiver Energie. Der Citrin verbessert auf der Stelle die Laune, erhöht deine Schwingungen und hilft dir, das Positive im Leben zu sehen. Er stärkt sowohl Selbstvertrauen als auch Wohlfühl-Vibes und wird zudem mit Fülle in Verbindung gebracht (weshalb man ihn auch als »Kaufmannsstein« bezeichnet).

Energetisch zieht Gleiches Gleiches an, und da der Citrin für Positivität steht, sendet er die machtvolle Botschaft ins Universum, doch bitte mehr davon zu liefern.

Die Kuschelquarzkur

Optimal für ein nachmittägliches Energie-Lifting sowie für jeden Moment, in dem du dich kaputt und leer fühlst.

Du brauchst: einen kleinen Citrin-Cluster, der dich besonders anspricht, sowie einige Tropfen ätherisches Teebaumöl.

Und so geht's:

1. Gib in beide Handflächen je einen Tropfen Teebaumöl, reib sie kurz aneinander und leg sie dann um den Citrin.

2. Leg die Hände mit dem Stein auf das Herzchakra mitten in deiner Brust und lass sie dort liegen.

3. Atme ein paar Sekunden lang tief ein und aus. Stell dir dabei vor, dass das goldene Licht des Citrins deine Brust ausfüllt und von dort aus deinen ganzen Körper erreicht. Genieße mit jeder Faser die Leichtigkeit dieser Energie.

4. Sobald du dazu bereit bist, platzierst du den Stein irgendwo ganz in deiner Nähe, etwa auf dem Schreibtisch, neben dem Bett oder in deiner Hosentasche.

5. Reib abschließend noch einmal die Hände aneinander und spür die Energie. Entspann dich und atme.

Energieverstärker

Eine Möglichkeit, in den Genuss der Heilkraft eines Steines zu kommen, besteht darin, frisches Wasser mit ihm aufzuladen. Leg dafür den Kristall deiner Wahl in eine Karaffe und bedecke ihn großzügig mit Wasser. Stell das Gefäß über Nacht in den Kühlschrank. Am nächsten Morgen nimmst du den Stein aus der Karaffe und gießt das Wasser in eine Flasche um. So kannst du tagsüber immer wieder einen Schluck davon trinken. Aus dem Heilsteinwasser lassen sich aber auch Eiswürfel machen, die du nach Belieben in Kaltgetränke geben kannst.

Klarer Quarz

Auch als »Bergkristall« bekannt, ist dieser strahlend schöne Stein ein echter Energieverstärker. Er absorbiert Negativität und gleicht Körper und Geist aus. Den Ehrentitel »Meisterheiler« verdankt er seiner Fähigkeit, die Energie anderer Steine zu erhöhen. Auch stimuliert er das Immunsystem, verbessert das Gedächtnis und stellt die körperliche Balance wieder her. Für alle, die sich emotional ausgelaugt fühlen, ist dieser Quarz also optimal.

Aufgrund seiner vielfältigen Eigenschaften war der Bergkristall immer auch bei Heilern und Mystikern beliebt. Am besten trägt man ihn jederzeit und überall bei sich.

Andere aufbauende Kristalle

Hier eine kleine Auswahl lebensbejahender Steine, deren Wirkung du vielleicht einmal austesten möchtest:

* Tigerauge
* Türkis
* Karneol
* Peridot
* Aventurin
* Blutstein

Ein Quarz als Verstärker

Optimal: wenn du deine Intentionen und Pläne für den bevorstehenden Tag festlegst.

Du brauchst: eine Quarzspitze, Stift und Papier, fünf Minuten Ruhe.

Und so geht's:

1. Sitz einen Moment lang einfach da – mit dem Kristall in beiden Händen. Schließ die Augen und atme tief ein und aus.

2. Fokussier dich auf das Heben und Senken deines Brustkorbs und versuch den Kopf frei zu bekommen.

3. Denk jetzt an den bevorstehenden Tag und an das, was du heute erreichen möchtest. Welche Eigenschaften könnten dir helfen, an dein Ziel zu kommen? Wenn du ein Problem lösen möchtest, vielleicht Klarheit und Stärke. Oder Empathie und Positivität, wenn es um den Umgang mit Menschen geht.

4. Konzentrier dich auf die von dir gewählten Eigenschaften. Was würde sie symbolisieren? Ein Baum könnte etwa für Stärke stehen, die Sonne für positive Energie.

5. Sobald du deine Symbole bestimmt hast, greif zu Papier und Stift, um sie zu skizzieren. Perfekt muss die Zeichnung nicht sein, es geht nur darum, den Kern der Bilder zu erfassen.

6. Leg das Papier vor dir auf den Boden und richte die Kristallspitze auf das Bild. Atme tief ein und spüre, wie dich ein Schwung von Energie erfasst. Beim Ausatmen lässt du diese Energie durch die Kristallspitze in das Symbol fließen.

7. Leg den Kristall schließlich auf die Zeichnung und lass ihn dort mindestens fünf Minuten liegen.

8. Sobald du so weit bist, entfernst du den Kristall und nutzt ihn den weiteren Tag über immer, wenn du dich fokussieren willst.

UM POSITIV GESTIMMT ZU BLEIBEN, LEGE ICH GRÖSSTEN WERT AUF MEIN WOHLBEFINDEN

Kräuter

Kräuter sind leicht zugänglich, aromatisch und supergesund. Sie stärken auf natürlichem Weg das Immunsystem und heben die Laune. Die Arbeit mit ihnen ist total easy, ob du sie nun roh verzehrst, kochst oder als Räucherwerk nutzt.

Salbei

Dieses reinigende Kraut wurde früher zum energetischen Säubern persönlicher Räume genutzt. Da es außerdem Körper und Geist anregt, eignet es sich besonders zur Optimierung des Denkvermögens.

Rosmarin

Im alten Volksglauben wurde Rosmarin mit Powerfrauen assoziiert und zum Säubern, Reinigen und Stärken benutzt. Das Kraut eignet sich optimal für Momente, in denen du größeres Selbstvertrauen und mehr Selbstachtung brauchen kannst.

Salbei-Cleanser für die morgendliche Reinigung

Optimal: als geistig-körperliche Vorbereitung auf den Tag und zur Versorgung mit positiver Energie.

Du brauchst: eine Handvoll frischen Salbei, Honig, heißes Wasser.

Und so geht's:

1. Lass den Salbei fünf Minuten lang im Wasser kochen.

2. Gieß die Flüssigkeit durch ein Sieb in eine Tasse.

3. Gib einen Löffel Honig hinzu und rühr gut um. Derweil denkst du an alles, was du am Tag Tolles erreichen willst. Nun trinkst du den Salbeitee schlückchenweise, während du deine Absichten fasst.

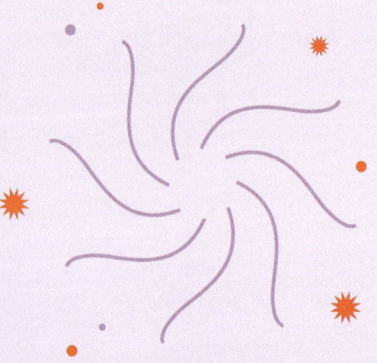

Rosmarin-Spülung für die Haare

Optimal: nach jeder Haarwäsche. Bei regelmäßiger Anwendung gibt dir die Spülung Power und stärkt dein Selbstvertrauen.

Du brauchst: frische Rosmarinzweige, heißes Wasser, einen Krug.

Und so geht's:

1. Lass die Rosmarinzweige zehn Minuten lang in einem Topf mit kochendem Wasser ziehen.

2. Nach dem Abkühlen gießt du die Flüssigkeit durch ein Sieb in den Krug.

3. Schenk deinen Haaren nach Shampoo und Conditioner eine Spülung mit dem Rosmarinwasser. Massier dir anschließend sanft die Kopfhaut.

4. Sag dabei wiederholt das Mantra: »Ich habe Power, bin stark, voller Selbstvertrauen und frei.«

5. Abschließend spülst du die Haare mit warmem Wasser und stylst sie wie gewohnt.

Ätherische Öle

Diese kraftvollen Öle werden aus verschiedenen Teilen der jeweiligen Wildpflanzen gewonnen und enthalten deren pure Essenz. Du kannst ihr Aroma direkt am Fläschchen erschnuppern oder das Öl in der Duftlampe erwärmen. Nicht weniger effektiv sind einige Tropfen im Badewasser. Und wenn du magst, kannst du auch eine kleine Menge in Trägeröl verdünnen und als Körper- oder Massageöl verwenden.

In punkto positive Energie sind folgende Öle besonders zu empfehlen. Entscheide dich für den Duft, der dir am meisten zusagt, oder experimentiere ein bisschen herum.

* **Bergamotte** reduziert Stress und fördert Positivität.
* **Orange** wirkt gegen Nervosität und hebt die Stimmung.
* **Zitronenverbene** fördert Konzentration und Energie.
* **Geranie** fördert Gleichmut und beruhigt den Geist.
* **Wacholder** reinigt Körper und Geist, verstärkt Emotionen.
* **Ylang-Ylang** fördert Selbstachtung und -vertrauen.
* **Weihrauch** reduziert Stress und sorgt für positive Energien.
* **Pfefferminze** regt den Geist an und wirkt vitalisierend.

ICH WÄHLE DIE VITALITÄT!

SCHREIBEN UND VISUALISIEREN

5

Schreiben mal ganz anders

In unserem Zusammenhang ist das Schreiben eine Manifestationstechnik, bei der die erhoffte Wirklichkeit in eine Geschichte gepackt wird. Dadurch, dass du aufschreibst, was du dir wünschst, wirst du zur Drehbuchautorin deines Lebens. Das Schreiben ermöglicht es dir, jedes Narrativ nach deinem Gusto zu verändern. Entscheidend ist, dass du in der Gegenwartsform schreibst: Du formulierst alles so, als würde es nicht in der Zukunft geschehen, sondern jetzt gerade.

Besonders umfangreich müssen deine Texte nicht sein. Kurze Absätze, kleine Geschichten genügen, solange du dich darauf konzentrierst, was du dir wünschst, und es in Worte fasst. Außer dir muss die Texte niemand lesen, du aber musst für sie brennen. Stell dir jede Szene beim Lesen genaustens vor, leb sie, spür sie. So gewinnen deine Skripte noch an Kraft und können in dein Unbewusstes vordringen – und darum geht es schließlich. Die Texte helfen dir, dein Mindset neu zu framen und sowohl Überzeugungen als auch Eigenschaften herauszubilden, die dich deinem Ziel näherbringen. Alles, was du dafür tun musst, ist Träumen, Schreiben, Lesen und daran glauben.

Solche Skripte kannst du zu jedem Thema anfertigen. Entweder auf ein bestimmtes Ziel gerichtet, etwa den besten Urlaub aller Zeiten, oder allgemeiner Natur. Sie können sich einem Thema deiner Wahl widmen.

Ein Text über positive Energie

Optimal: morgens und/oder abends, um deine Positivität zu verstärken und dir zu mehr Lebensfreude zu verhelfen.

Du brauchst: Stift und Papier.

Und so geht's:

1. Denk an Dinge, die dich positiv stimmen, zum Beispiel an deinen Lieblingssport oder an Menschen, mit denen du dich gern umgibst. Vielleicht erinnerst du dich an eine bestimmte Situation, die dir ein besonders tolles, unfassbar schönes Gefühl vermittelt hat.

2. Schreib alles auf, was dir dazu in den Sinn kommt.

3. Schau dir deine Sätze an und nutz sie als Inspiration für einen kurzen Text, der die Positivität verstärkt.

4. Fang an mit: »*Heute bin ich total gut drauf und habe Unmengen Energie, während ich mich für die Arbeit / das Gym / das Treffen mit meinen Freunden … vorbereite. Ich freu mich so, weil ich Spaß habe und liebe, was ich tue. Das gibt mir das Gefühl …*«

5. Füll die Lücken im Text aus und schreib so detailliert und gefühlvoll, wie es dir nur möglich ist.

6. Fang ganz klein an. Danach kannst du dich an größeren Texten versuchen, in denen es um Ereignisse und Szenen geht, die dir ein positives Gefühl geben.

7. Sobald du mit einem Absatz fertig bist, liest du ihn dir ein paarmal durch. Dabei mobilisierst du all deine Sinne, siehst beispielsweise das Gym vor deinem inneren Auge, das Workout. Du hörst dein Herz schlagen, spürst die Kraft deiner Muskeln und so weiter.

8. Wenn du den Text abends liest, verwandle ihn und stell dir vor, du würdest deine Freunde treffen, zum Sport gehen oder andere Dinge tun, die du nach der Arbeit liebst.

9. Behalt den Schwung des Schreibens bei, indem du dir deine Zeilen täglich mehrmals durchliest und sie ergänzt, um den Text noch authentischer und aussagekräftiger zu machen.

Energieverstärker

Hast du einmal mit dem Schreiben angefangen, werden ständig kleine Szenen in deinem Kopf aufploppen und du wirst dich immer wieder dabei ertappen, dass du dich in eine positive Grundgestimmtheit hineintextest. Das kannst du noch verstärken, indem du jedem Skript eine Art Titelmelodie zuordnest. So kann dir etwa dein liebster Popsong helfen, dich in positive Stimmung zu versetzen. Für mehr Power wählst du vielleicht etwas Dramatischeres, möglicherweise einen Dancefloor-Hit, der dich gedanklich zur Hauptdarstellerin eines Blockbusters macht. Willst du dich zentrierter fühlen, könntest du dich für eine beruhigende Melodie aus deinen Kindertagen entscheiden. Sobald du dich daran gewöhnt hast, deine Skripte auf diese Weise lebendig zu machen, wirst du feststellen, dass jeder dieser Songs in dir exakt das Gefühl hervorruft, das du mit ihm assoziierst. Und davon kannst du jederzeit profitieren – wann immer du möchtest.

Was ist Visualisierung?

Die Wirkung des Visualisierens beruht auf der Macht der Bilder. Dabei geht es darum, vor deinem inneren Auge eine Art Film mit Bildern ablaufen zu lassen, die deine Wünsche verkörpern. Das ist wie im Kino, doch statt das Movie auf der großen Leinwand zu sehen, betrachtest du es im Kopf. Auch dabei ist entscheidend, dass sich alles in der Gegenwart abspielt und du die jeweiligen Emotionen real erlebst. Am besten funktioniert das bei visuell veranlagten Menschen und solchen, die sich verbal eher schwertun. Es ist ein ganz einfacher Prozess, der mit etwas Übung auch riesig Spaß macht. Letztlich gibst du dir dabei die Erlaubnis zum Tagträumen – mit dem Zusatznutzen, dass du deine Wirklichkeit selbst gestaltest.

Visualisierungen können dir bei allem helfen, sowohl im Hinblick auf künftige Ereignisse als auch für ausgedachte Szenarios. Mit ihrer Hilfe kannst du etwa Gesundheit, Fülle und inneren Frieden manifestieren, aber auch spezifische Situationen evozieren, die du herbeisehnst. So nehmen Visualisierungen Geschehnisse gedanklich voraus und legen so den Samen des Erfolgs.

Aufbauende Visualisierung

Optimal: wann immer du einen Stimmungsaufheller brauchst. Diese Übung ist perfekt dafür – besonders am Morgen eines geschäftigen Tages.

Du brauchst: einen ruhigen Ort zum Sitzen und Relaxen. Am besten draußen: Die Sonnenstrahlen auf deinem Gesicht verstärken die Wirkung der Übung noch.

Und so geht's:
Schließ die Augen und atme ein paarmal tief ein und aus, um innerlich zur Ruhe zu kommen. Stell dir vor, du sitzt auf der Kuppel eines Hügels. Ein neuer Tag bricht an, große Versprechen liegen in der Luft. Du holst tief Luft und genießt die Ruhe, die sich in dir ausbreitet. In der Ferne nimmst du den Horizont wahr, der im Schein der ersten Sonnenstrahlen schimmert. Unter dir erstreckt sich wellenartig das farngrüne Tal mit seinen Senken und Erhebungen. Langsam, doch unaufhaltsam zieht die Sonne am Himmel auf und taucht die Aussicht in ein sanftes Roségold. Die Farben, die das Firmament annimmt, fließen verwegen ineinander. Auch die Landschaft legt ihren dunklen Mantel ab und hüllt sich in betörende Helligkeit. Das Gras unter dir verwandelt sich in ein schillerndes Smaragdgrün. All diese täglichen Wunder nimmst du wahr und in dich auf. Ein Lüftchen hüllt dich ein, und langsam richtest du dich auf. Dann breitest du die Arme weit aus und umfängst mit dieser Geste

das gesamte Panorama, das dich umgibt. Die lichte Sonnendecke liegt so angenehm auf deiner Haut, dass du dich total lebendig fühlst, hellwach und voller Hoffnung.

Deine persönliche Power-Visualisierung

Optimal: wann immer du dich stärker fühlen möchtest. Die Übung hilft bei Nervosität, wenn du dich als schutzlos empfindest oder auch nur einen guten Eindruck machen möchtest. Ebenfalls sehr wirksam ist sie am Vorabend eines wichtigen Termins.

Du brauchst: Zeit, um zu entspannen, und einen Fensterplatz mit Blick in den Nachthimmel.

Und so geht's:
Schau zur Inspiration zunächst ein paar Minuten ins nächtliche Firmament.

Schließ dann die Augen und atme tief ein und aus. Du liegst auf einer kuschelig warmen Decke unter dem samtigen Sternenhimmel. Eine sanfte Brise streichelt deine Haut. Über dir siehst du eine Reihe glitzernder Sterne, die auf dem dunklen Hintergrund funkeln wie Diamanten. Du nimmst die Formen und Muster der Konstellationen wahr. Und je intensiver du hinschaust, desto deutlicher werden die Bilder, die du siehst. Ein Stern sticht heraus. Er glänzt so hell, dass du den Blick nicht von ihm wenden kannst. Du fühlst dich mit ihm verbunden, und während du noch zu ihm aufsiehst, scheint der Stern näher zu kommen. Ja, er kommt direkt auf dich zu. Innerhalb von Sekunden ist er dir so nahe, dass du ihn beinahe berühren kannst.

Das Licht des Sterns erfasst dich, du wirst ein Teil von ihm und liegst nicht länger auf deiner Decke. Du bist jetzt vielmehr ein strahlendweißer Himmelskörper, der das All mit seinem Licht erfüllt. Du spürst, wie sich deine Helligkeit ausdehnt und weit über dich hinausweist. Du spürst die Power in dir pulsieren. Mit jedem Atemzug wirst du stärker und stärker … bis es sich schließlich anfühlt, als hätte dein Licht alles um dich herum in sich aufgenommen.

Energieverstärker

Visualisierungen sind flexibler als Schreibübungen und verändern sich mit jedem Mal, wenn du dich auf eine solche Fantasiereise begibst. Fürchte dich nicht davor, deinem Geist freien Lauf zu lassen – wohin auch immer er dir vorangeht. Entscheidend ist, dass du deine Vorstellungskraft von der Leine lässt und dir gestattest, ihr bedingungslos zu folgen. Dabei gelangst du in eine tiefere Bewusstseinsebene – und genau das macht die Visualisierung so wirksam.

MEDITATION UND ACHTSAMKEIT

6

Was ist Meditation?

Das Meditieren transformiert den Geist und entspannt den Körper. Dabei kann man mithilfe verschiedener Techniken, die den Fokus bündeln und dem Geist eine Richtung geben, in einen höheren Bewusstseinszustand gelangen. Meditiert wird mittlerweile überall auf der Welt, um inneren Frieden zu finden und Spannungen abzubauen. Es gibt eine Vielzahl an Methoden, von denen einige spirituell und heilend wirken und andere auf die Umprogrammierung von Gedankenmustern abzielen. Entscheidend ist bei allen, es langsam angehen zu lassen – langsam und einfach.

Meditieren ist nicht schwer. Mit nur wenig Mühe verhilft es zu innerer Ruhe, Harmonie und Ausgeglichenheit, die uns allesamt mit positiver Energie versorgen. In Kombination mit gewissen Achtsamkeitstechniken, die dich im Nu ins Jetzt versetzen, führt das Meditieren dazu, dass du dich schnell wieder viel energiegeladener und kraftvoller fühlst.

Morgendliche Power-Meditation

Meditationen sind ein perfekter Start in den Tag. Der Morgen eignet sich bestens, um klare Absichten zu fassen, zur körperlichen und geistigen Reinigung sowie zum Visualisieren. Sobald du regelmäßig meditierst, wirst du merken: Du hast du den ganzen Tag etwas davon.

Optimal: nach dem Aufwachen.

Du brauchst: nur dich, dein Bett und fünf Minütchen.

Und so geht's:
1. Gib dir nach dem Aufwachen erst einmal etwas Zeit, um im Tag anzukommen. Hol dann tief Luft und streck beim Ausatmen wohlig Arme und Beine von dir, als wärst du ein Seestern.

2. Spür die Muskulatur in deinen Gliedmaßen und nimm wahr, wie sich dein Brustkorb ausdehnt und öffnet.

3. Entspann dich in dieser Stellung und schließ die Augen.

4. Atme weiterhin tief ein und aus.

5. Visualisiere einen silbernen Stern in deiner Brustmitte. Beim Einatmen ziehst du sein Licht in dein Herz, beim Ausatmen erreicht es die übrigen Teile deines Körpers.

6. Konzentrier dich auf die Wörter »ein« und »aus«. »Ein« steht dabei für die dynamische Energie des Sterns in deinem Herzen, »aus« für die dieselbe Energie, die jedoch nach außen gerichtet ist und deinen Körper reinigt.

7. Nimm dir Zeit und dehne jeden Atemzug etwas aus.

8. Zieh das Wort »ein« gedanklich in die Länge.

9. Zieh das Wort »aus« gedanklich in die Länge.

10. Mach dir nichts draus, wenn sich Gedanken einstellen. Nimm sie einfach zur Kenntnis und konzentrier dich dann wieder auf den Stern in deiner Brust und das Atmen. Öffne am Ende die Augen.

Gern kannst du den silbernen Stern tagsüber jederzeit visualisieren, wenn du das Bedürfnis nach einem Energiekick empfindest.

Meditation für den schnellen Energiekick

Die folgende Minimeditation hilft dir jederzeit schnell wieder auf die Beine und versetzt dich in eine positive Stimmung.

Optimal: wann immer du fix etwas Auftrieb brauchst.

Du benötigst: fünf Minuten, in denen du abschalten kannst.

Und so geht's:

1. Fokussier dich ganz auf deinen Atemrhythmus. Schließ die Augen und spür das Auf und Ab deines Brustkorbs.

2. Verlangsame deine Atmung und nimm bewusst wahr, wie dich das entspannt. Mach dir auch klar, dass dich jedes Luftholen mit Energie und Power versorgt.

3. Zähl deine Atemzüge nach dem Muster »eins« (einatmen) und »zwei« (ausatmen), »eins« und »zwei« …

4. Verlängere die Pause zwischen »eins« und »zwei« und schau, wie dein Körper darauf reagiert.

5. Lass deine Gedanken einfach kommen und gehen. Richte die Aufmerksamkeit immer wieder auf deinen Atem. Wenn du so weit bist, öffnest du die Augen und dehnst dich noch einmal ausgiebig. Zieh die Schultern nach hinten und spann deine Wirbelsäule auf.

ICH MUSS MICH NICHT HETZEN, ICH FINDE DIE FREUDE, INDEM ICH EINFACH NUR BIN

Meditation zum abendlichen Runterkommen

Am besten wirkt das Meditieren, um den Geist zu beruhigen. Täglich vor dem Zubettgehen praktiziert, entstresst es und verhilft zu innerer Stille und einem erholsamen Schlaf.

Optimal: vor dem Zubettgehen oder zum Abschluss eines anstrengenden Tages, wenn du zur Ruhe kommen möchtest.

Du brauchst: einen kleinen Mondstein und eine bequeme Sitzgelegenheit.

Und so geht's:

1. Setz dich ruhig hin und halt den Mondstein in beiden Händen. Spür die kühle, ruhige Energie des Steins auf deiner Haut.

2. Schließ die Augen und stell dir vor, du würdest im Mondschein auf einem See dahintreiben. Das tiefblaue Wasser ist warm und einladend und du genießt es auf deiner Haut.

3. Der Mond wirft weiches Licht auf deinen Körper. Du spürst, wie dich seine heilende Energie von Kopf bis Fuß beruhigt.

4. Behalt dieses Bild im Kopf und entspann dich.

5. Konzentrier dich bei jedem Einatmen auf das Wort »Ruhe«. Spür, wie es dein ganzes Wesen durchdringt.

6. Konzentrier dich bei jedem Ausatmen auf das Wort »Loslassen« und lass alle Verspannungen gehen.

7. Sag dir die Wörter bei jedem Ein- und Ausatmen mental vor: »Ruhe« und »Loslassen«.

8. Kommt dir ein Gedanke in den Kopf, konzentrier dich einfach wieder auf den See, den Mondschein und beim Atmen auf »Ruhe« und »Loslassen«.

9. Mach damit so lange weiter, wie es nötig ist, damit du dich völlig entspannt fühlst.

10. Abschließend legst du dir den Mondstein unters Kopfkissen, damit du seine sanfte Energie auch im Schlaf noch aufnehmen kannst.

Achtsamkeit

Praktizierte Achtsamkeit hilft, den Fokus auf den gegenwärtigen Moment gerichtet zu halten. Indem du dir deiner Gedanken, Gefühle und Empfindungen bewusst wirst, lebst du im Augenblick, kannst dich auf einer tieferen Ebene mit der Welt verbinden und Stress abbauen. Wie wissenschaftlich erwiesen ist, leistet Achtsamkeit einen entscheidenden Beitrag zum Glücklichsein und wirkt stimmungsaufhellend, was eine Menge positive Energie erzeugt.

Power der Achtsamkeit

Manchmal müssen wir gewohnte Sichtweisen ablegen, um die eigene Schönheit und Stärke richtig wahrnehmen zu können. Diese Achtsamkeitsübung verhilft dir zu einer anderen Perspektive, indem sie dich zur Beobachterin/zum Beobachter macht. Sie befreit den Kopf und sorgt für einen ungehinderten Energiefluss.

Optimal wann immer du mehr Energie benötigst.

Du brauchst: einen Stuhl und fünf bis zehn Minuten für dich.

Und so geht's:

1. Nimm bequem auf dem Stuhl Platz.

2. Verlangsame deine Atmung und konzentrier dich auf das Auf und Ab deines Brustkorbs.

3. Nimm deine Umgebung bewusst wahr. Achte gezielt darauf, wo du bist und wo sich die Dinge in deinem Sichtfeld befinden.

4. Mach die Augen zu und stell dir vor, du stündest außerhalb deiner selbst und würdest dich betrachten.

5. Registriere all die wunderbaren Dinge, die dich ausmachen.

6. Spür, wie du im Raum umherschwebst, und genieß das Gefühl der Leichtigkeit.

7. Kehr dann in deinen Körper zurück, sei wieder in deiner Haut und nimm wahr, wie sie dich umfängt.

8. Überleg, wie perfekt deine Organe zusammenarbeiten, um dich mit Energie zu versorgen. Und wie dein Körper dich schützt.

9. Registriere auch die Power, die dir jeder Atemzug gibt.

10. Sag: »Ich bin stark und kraftvoll.«

Kraftvolle Akte der Achtsamkeit

* **Achtsam essen**
  Achte genau auf alles, was du dir in den Mund steckst. Wie fühlt sich das Essen auf deiner Zunge an? Wie steht es um Konsistenz und Geschmack? Kau langsam jeden einzelnen Bissen. Wie empfindest du das Schlucken? Konzentrier dich ganz auf die Nahrung, die du deinem Körper zuführst.

* **Mach die Ohren auf!**
  Halt kurz inne, um zu lauschen. Mach drei verschiedene Geräusche aus. Wie wirken sie jeweils auf dich? Diese Übung bringt dich in die Gegenwart und trägt zu deiner Erdung bei.

* **Dem Atem folgen**
  Folge dem Weg deines Atems von der Nase aus durch deinen Körper.

* **Zünd eine Kerze an!**
  Zünd eine Kerze an und bleib fünf Minuten lang konzentriert vor der Flamme sitzen. Beobachte ihre Bewegungen und lass derweil alle Gedanken oder Wahrnehmungen kommen und gehen.

- **Konzentration auf ein erbauliches Bild**

  Such nach einem Foto, einem Ausblick oder Gegenstand, den du gern betrachtest, und nimm dir einige Minuten Zeit, das Objekt eingehend zu würdigen. Entspann dich und schau mit weichem Blick. Genieß die Gefühle, die in dir hochkommen.

- **Halt inne, atme, spür!**

  Stell dir vor, die Zeit steht einen Augenblick lang still. Du brauchst nichts zu tun, musst dich nicht bewegen, keinen Finger krümmen. Frag dich: »Und was empfinde ich jetzt?« Lass alle Gefühle, die sich anbahnen, an die Oberfläche kommen und nimm sie bewusst wahr.

DIE ENERGIEUHR

7

Tägliche Energielieferanten

Rund um die Uhr vital zu sein, ist möglich – jedenfalls wenn man ein paar Tricks und Techniken in den Alltag integriert. Machst du es dir zur Gewohnheit, zwischendurch immer wieder kurz Innenschau zu halten, dann weißt du jederzeit Bescheid, wenn du einen Energiekick oder ein Päuschen brauchst.

Für den Anfang ist eine Art täglicher Energieplan ein guter Ausgangspunkt, denn er gibt dir Kraft und Stärke. Natürlich kannst du jeden meiner Vorschläge nach deinen Bedürfnissen modifizieren oder dir auf Basis der Übungen in diesem Buch auch einen ganz eigenen Plan erstellen.

Den neuen Tag begrüßen

Vielleicht hältst du es für unbedeutend, was du morgens als Erstes tust, nachdem du dich aus dem Bett gewälzt hast. Dabei stellt dieser Moment eine erstklassige Gelegenheit dar, den jungen Tag auf Power zu programmieren.

Die Begrüßung des Morgens ist ein echter Gamechanger, denn sie bereitet das Fundament dafür, dass du allem, was in den nächsten Stunden auf dich zukommt, mit Stärke und Lebenslust begegnen kannst. Eine morgendliche Meditation, die dich positiv stimmt und auf dein Unbewusstes einwirkt, gibt dir Schwung und zaubert dir ein Lächeln ins Gesicht.

Optimal: nach dem Aufwachen.

Du brauchst: einen Wecker, der morgens einige Minuten früher klingelt, damit du genügend Zeit für diese Übung hast.

Und so geht's:

1. Setz dich auf den Bettrand und stell die Füße fest auf den Boden.

2. Roll deine Füße von der Ferse bis zu den Zehen ab und drück die Sohlen dann so in den Boden, dass du deine Verbundenheit mit der Erde spürst.

3. Schließ die Augen und stell dir eine eintönige Landschaft vor. Weite, unbebaute Felder erstrecken sich in alle Himmelsrichtungen, am Horizont geht die Sonne auf. Das sanfte Morgenlicht, das auf deine Haut fällt, wärmt dich von innen heraus.

4. Atme tief ein und heiße die Leere willkommen. Die Landschaft stellt eine Leinwand dar, auf die du jedes beliebige Bild malen kannst, ganz nach deinem Geschmack.

5. Überleg dir, was du heute erreichen und wie du dich fühlen möchtest.

6. Sag: »Heute habe ich ganz viel Power. Ich lasse mein Licht scheinen und erschaffe Großes!«

Vormittäglicher Energiekick

Wasser belebt und erfrischt Körper, Geist und Seele. Dabei kommt es aber auch auf die Temperatur an: Kaltes Wasser beschleunigt den Herzschlag, und das regt Kreislauf und Energiefluss an.

Eine kurze Begegnung mit eiskaltem Wasser genügt, um den Kopf frei zu bekommen und die Batterien neu aufzuladen. Kommen dann noch einige tiefe Atemzüge hinzu, fühlst du dich schnell energiegeladen und bereit, den Rest des Tages auf die Hörner zu nehmen.

Optimal: in der Frühstückspause.

Du brauchst: Zugang zu fließendem kaltem Wasser.

Und so geht's:

1. Halte anfangs beide Handgelenke unter lauwarmes Wasser. Das dürfte sich noch ziemlich angenehm anfühlen.

2. Nach einiger Zeit stellst du das warme Wasser ab, steckst den Ablaufstopfen in den Abfluss und drehst das kalte Wasser auf.

3. Während du weiterhin beide Handgelenke unters Wasser hältst, atmest du tief ein und aus.

4. Stell dir vor, mit beiden Armen erfrischende Energie aufzunehmen und in die Brust zu leiten.

5. Halt die Handgelenke mindestens eine halbe Minute unter das fließende Wasser, dann stellst du es ab und tauchst beide Hände in das kühle Nass. Spür die Kälte an deinen Fingern.

6. Spritz dir abschließend etwas Wasser ins Gesicht.

DER RICHTIGE

MOMENT

IST GENAU

JETZT

Spaziergang statt Spaghetti

Die Tagesmitte eignet sich perfekt, um ein bisschen Bewegung ins Spiel zu bringen und einen kleinen Spaziergang zu machen. Die Unterbrechung der Routine und eine andere Umgebung geben deinem Hirn etwas Neues, auf das es sich konzentrieren muss, insbesondere wenn du dich unterwegs in Achtsamkeit übst. Die Bewegung ist gut fürs Herz und stellt in Verbindung mit einigen tiefen Atemzügen eine echte Energiespritze dar.

Optimal: um die Mittagszeit.

Was du brauchst: Etwa 30 Minuten, bis du die Wirkung spürst; außerdem eine Route zum Spierengehen, möglichst im Park, notfalls aber auch mitten in der Stadt.

Und so geht's:

1. Bemüh dich zunächst um eine korrekte Körperhaltung. Verteil dein Gewicht gleichmäßig auf beide Füße, zieh die Schultern zurück und spann deine Wirbelsäule auf, damit der Brustbereich offen und entspannt ist.

2. Atme beim Gehen tief ein und aus – durch die Nase ein und durch den Mund aus.

3. Mobilisier all deine Sinne: Was kannst du sehen, riechen, hören, schmecken und spüren?

4. Stell dir vor, du würdest diesem Planeten einen ersten Besuch abstatten und auch die kleinsten sensorischen Infos in dich aufnehmen.

5. Sollte etwas deine Aufmerksamkeit erregen: Lass es zu. Verbinde dich mit deiner Umgebung und erkunde sie.

6. Achte auf die kleinen Dinge, das Rascheln der Blätter an den Zweigen der Bäume, den Boden unter deinen Füßen.

7. Hat dich dein Spaziergang an den Ausgangspunkt zurückgeführt, registriere, wie es dir geht.

Für ein nachmittägliches Zwischenhoch

Eines der Energiezentren (auch Chakren genannt) im menschlichen Körper ist der vier Fingerbreit über dem Bauchnabel befindliche Solarplexus, der einem wirbelndem Ball aus Licht gleicht und mit der Farbe Gelb verbunden wird. In diesem dritten Hauptchakra, das als Sitz der Selbstachtung gilt, werden sowohl persönliche Stärke und Selbstvertrauen als auch Energie erzeugt. Deshalb ist es bestens geeignet, dich elegant und aufrecht durch den Nachmittag zu bringen.

Optimal: nachmittags oder anstelle einer Kaffeepause.

Du brauchst: ein paar Minuten für eine schnelle Visualisierungsübung.

Und so geht's:

1. Leg beide Hände übereinander auf deinen Solarplexus

2. Mach die Augen zu und spüre, wie die Wärme deiner Handflächen in deinen Bauch übergeht.

3. Stell dir einen leuchtenden Feuerball vor, der wie eine kleine Sonne unter deinen Händen liegt. Von dort strahlt er Licht und Wärme aus.

4. Beim Einatmen nimmst du die Vitalität dieser Sonne in dich auf. Beim Ausatmen ziehst du ihr Licht bis in die Brust hoch.

5. Atme noch eine Weile weiter und stell dir vor, wie dein Solarplexus den Feuerball aufsaugt.

6. Spüre, wie sich die Wärme in deinem ganzen Körper ausdehnt.

7. Stell dir dich selbst als Leuchtfeuer vor, das vor lauter Power von Kopf bis Fuß glüht.

Fünf-Uhr-Zitronendrink

Zitrone wirkt reinigend, ist frisch, prickelnd und das perfekte Fünf-Uhr-Tonikum nach einem stressigen Arbeitstag. Solltest du den Geschmack nicht mögen, könntest du dir ein Fläschchen ätherisches Zitronenöl gönnen und bei Bedarf ein Näschen voll davon nehmen. Der Wirkung des Drinks aber ist viel intensiver.

Optimal: nach der Arbeit.

Du brauchst: eine Zitrone, etwas frische Minze, heißes Wasser.

Und so geht's:

1. Bring etwas Wasser zum Kochen und gib frische Minzzweige in eine Teekanne.

2. Bedecke die Minze mit Wasser und lass sie mindestens zehn Minuten ziehen. Gieß die Flüssigkeit dann durch ein Sieb in einen Krug und stell ihn kalt.

3. Schütte den Minztee in ein hohes Glas und gib frisch gepressten Zitronensaft hinzu.

4. Wenn du es noch cooler magst, kannst du gern Eiswürfel hineingeben. Zum Wohl!

Das etwas andere Betthupferl

Die Zeit unmittelbar vor dem Zubettgehen ist ideal für eine Dankbarkeitsübung. Das wirkt Nervosität entgegen und versetzt dich in eine friedvolle Stimmung. Auch dem Unbewussten tut diese Konzentration auf Positives gut.

Fröhliche, optimistische Gedanken dringen bis in den Schlaf vor, sodass schönen Träumen und erholsamer Nachtruhe nichts mehr entgegensteht.

Optimal: eine halbe Stunde vor dem Zubettgehen.

Du brauchst: dein Journal und einen Stift sowie zur Entspannung etwas ätherisches Lavendelöl.

Und so geht's:

1. Tupf zunächst einige Tröpfchen Lavendelöl auf deine Schläfen. Der wunderbare Duft ist für seine beruhigende Wirkung bekannt, und das Öl kann direkt auf die Haut aufgetragen werden.

2. Massier es sanft in Schläfen und Stirn, bis du die Entspannung spürst.

ZÄHL STATT SCHÄFCHEN HEUTE LIEBER MAL DIE GUTEN DINGE IN DEINEM LEBEN